PAIDEIA
ÉDUCATION

MIXTE
Papier issu de sources responsables
Paper from responsible sources
FSC® C105338

HONORÉ DE BALZAC

Le Colonel Chabert

Analyse littéraire

© Paideia éducation.

22 rue Gabrielle Josserand - 93500 Pantin.

ISBN 978-2-75930-417-2

Dépôt légal : Septembre 2023

Impression Books on Demand GmbH

In de Tarpen 42

22848 Norderstedt, Allemagne

SOMMAIRE

- Biographie de Honoré de Balzac 9

- Présentation du *Colonel Chabert* 15

- Résumé du roman 19

- Les raisons du succès 25

- Les thèmes principaux 29

- Étude du mouvement littéraire 35

- Dans la même collection 39

BIOGRAPHIE DE
HONORÉ DE BALZAC

Écrivain français né à Tours en 1799, Honoré de Balzac a exercé de nombreuses activités. Principalement connu comme romancier, il a également été dramaturge, critique d'art, essayiste, critique littéraire, journaliste ou encore imprimeur. *La Comédie Humaine*, qui regroupe pas moins de 137 livres, représente, aujourd'hui encore, une des œuvres les plus vastes de la littérature française.

D'abord pensionnaire au collège des oratoriens de Vendôme de 1807 à 1813, le jeune Balzac poursuivra sa scolarité au collège de Tours en 1814, avant d'intégrer, cette même année, la pension Lepître, puis l'institution de l'abbé Ganser en 1815, toutes deux situées dans le quartier du Marais à Paris.

En 1816, Balzac entre comme clerc chez un avoué, ami de son père. Il s'inscrit à la Faculté de Droit et suit, en parallèle, des cours à la Sorbonne, ainsi qu'au Muséum (Geoffroy Saint-Hilaire). Balzac se passionne alors pour la philosophie et affirme une vocation littéraire.

En 1819, la famille se retire de Paris et installe Balzac dans une petite mansarde pour lui permettre de tenter une expérience littéraire d'un an. Le tout jeune écrivain rédige alors une tragédie en vers, *Cromwell* (1821), qui sera un échec cuisant.

Un ami de la famille lui déconseille alors de poursuivre dans cette voie. Balzac décide donc de se consacrer au roman. Il rédige des œuvres dans le goût de l'époque, sous divers pseudonymes. En 1822, il fait la rencontre de Madame de Berny, plus âgée que lui, qui le soutiendra dans ses tâches et l'initiera au goût de l'Ancien Régime. Plus tard, l'auteur reviendra sur ses œuvres de jeunesse qu'il qualifiera lui-même de « cochonneries littéraires ».

Entre 1825 et 1828, Balzac abandonne quelques temps l'écriture et se consacre à de nouvelles activités. Tour à tour libraire, imprimeur et fondeur, il ressortira criblé de dettes de ces diverses expériences.

Il revient ensuite à la littérature et publie coup sur coup deux œuvres, en 1829, qui marqueront le début de son succès : *Les Chouans* et *Physiologie du mariage*. Balzac devient alors un auteur très prolifique et très en vue dans les milieux bourgeois parisiens. Il fréquentera également les salons, dont celui de la Comtesse d'Abrantès, avec qui il entretiendra une relation houleuse.

Durant un temps, Balzac est séduit par une carrière politique. En 1832, il défend des idées monarchistes et catholiques, en totale opposition avec ses opinions d'origine, et élabore une doctrine sociale basée sur l'autorité politique et religieuse.

À partir de 1833, commence sa correspondance avec la Comtesse Hanska, une admiratrice polonaise qu'il rencontre à plusieurs reprises en Saxe, en Suisse et en Russie. Balzac la courtisera durant dix-sept années avant de l'épouser. Ses lettres seront regroupées après la mort de l'auteur dans un recueil intitulé *Lettres à l'étrangère*.

Entre 1830 et 1835, Balzac produit de nombreux romans, qui traceront les grandes lignes de ce qui deviendra *La Comédie Humaine*. *La Peau de chagrin* (1831), *Louis Lambert* (1832), *Seraphîta* (1834) et *La Recherche de l'absolu* (1834) sont des « romans philosophiques ». Les « scènes de la vie privée » débutent avec *Gobsek* (1830) et *La Femme de trente ans* (1832) ; les « scènes de la vie parisienne » avec *Le Colonel Chabert* (1832). L'écrivain développe les « scènes de la vie de province » avec de véritables succès littéraires tels que *Le Curé de Tours* (1832) et *Eugénie Grandet* (1833). *Le Médecin de campagne* (1833) qui illustre, lui, les « scènes de la vie de campagne », met en place un système économique et social.

Le Père Goriot (1834) marque un tournant majeur dans

l'élaboration de *La Comédie Humaine*, puisque apparaissent, pour la première fois, des personnages déjà connus des lecteurs et donc présents dans certaines des œuvres publiées auparavant par Balzac. Ce système de personnages réapparaissant va contribuer à la mise en place d'une œuvre cyclique qui fera « concurrence à l'état civil » (Lagarde et Michard).

Entre 1835 et 1843, les œuvres se multiplient à un rythme effréné : *Le Lys dans la vallée* (1835), *Histoire de la grandeur et de la décadence de César Birotteau* (1837), *La Maison Nucingen* (1838), *Le Curé de village* (1839), *Béatrix* (1839), *Ursule Mirouët* (1841) ou encore *Illusions perdues* dont la rédaction s'étale de 1837 à 1843.

En 1838, Balzac fonde la « Société des Gens de Lettres » avec d'autres auteurs tels que Victor Hugo, George Sand ou encore Alexandre Dumas. Grand défenseur des droits des écrivains, il devient président de cette association en 1839. Émile Zola lui succédera par la suite.

Entre 1847 et 1848, Balzac séjourne chez la Comtesse Hanska. Il l'épousera en mai 1850 et ils s'installeront ensemble à Paris une semaine après. Frappé par la maladie, Balzac meurt le 19 août 1850. Il est inhumé au Cimetière du Père-Lachaise à Paris, où Victor Hugo prononcera son oraison funèbre.

Après sa mort, la Comtesse Hanska poursuit la publication des œuvres de Balzac, pour la plupart inachevées. La première édition complète de ses œuvres paraît en 1877.

PRÉSENTATION DU COLONEL CHABERT

Laissé pour mort dans la bataille d'Eylau de 1807, le colonel Hyacinthe Chabert refait son apparition quelques années plus tard. Désormais vieillard misérable et totalement métamorphosé par les nombreuses années de vagabondage qui ont précédé son retour à Paris en 1815, le comte Chabert est bien décidé à retrouver Rose Chapotel, une fille de joie qu'il a épousée, ainsi que son nom et son statut. Mais celle-ci s'est remariée au comte Ferraud, à qui elle a donné deux enfants, et s'est emparée de la fortune et des biens de son premier mari que tout le monde croit mort.

Considéré comme l'un des premiers tableaux des « Scènes de la vie parisienne » de *La Comédie Humaine* de Balzac, *Le Colonel Chabert* représente une étude des mœurs de la société du début du XIXe siècle dans lequel s'entremêlent des thèmes chers à l'auteur : la représentation des femmes, la peinture de la société parisienne, les phénomènes d'ascension sociale, etc.

Initialement publié dans la revue L'Artiste en 1832 sous le titre *La Transaction*, *Le Colonel Chabert* connut deux autres titres du vivant de l'auteur : *Le Comte Chabert* et *La Comtesse à deux maris*.

RÉSUMÉ DU ROMAN

Le Colonel Chabert n'est pas délimité en chapitres. Nous proposons ici un résumé selon un découpage qui nous paraissait judicieux, afin d'identifier plus facilement les différents temps de l'action du roman.

Retour d'un vieillard

En mars 1819, alors que cinq clercs (Boucard, Godeschal, Simonnin, Desroches et Huré) rédigent un acte à l'Étude de maître Derville rue Vivienne à Paris, un vieillard frappe à la porte. Celui-ci demande à s'entretenir avec monsieur Derville, seule personne à qui il désire expliquer sa situation. Ce dernier étant en train de dormir, Godeschal lui suggère de revenir à partir de minuit.
Une fois l'homme parti, les cinq clercs ironisent sur son apparence. L'un deux, Boucard, le rattrape pour lui demander son nom. Le vieillard répond qu'il s'appelle Chabert et qu'il est le fameux colonel mort à la bataille d'Eylau en 1807.

Épreuves subies par le colonel Chabert

De retour à l'Étude à une heure du matin, le colonel Chabert rencontre maître Derville et le convainc d'écouter son histoire pour lui demander son aide. Le vieillard lui raconte alors comment, lors de la bataille d'Eylau, il fut attaqué et blessé par deux cavaliers russes. Laissé pour mort, il est enterré vivant avec d'autres cadavres. Après une lutte acharnée, Chabert réussit à s'extraire de cette fosse et à rejoindre la surface du sol enneigé. Découvert par un couple, il est conduit à l'hôpital d'Heilsberg, où il séjourne durant six mois, entre la vie et la mort. À son réveil, il prétend qu'il est le colonel Chabert. Un chirurgien bienveillant, nommé Sparchmann, fait alors établir une série de documents pour attester de l'identité de son patient, documents que Chabert n'a cependant pas en sa possession.

Après plusieurs années d'errance et de vagabondage, durant lesquelles il écrit à sa femme à plusieurs reprises, Chabert réussit à rejoindre Paris en 1815. Décidé à retrouver son épouse, il découvre que cette dernière s'est remariée avec le comte Ferraud et qu'ils ont eu deux enfants. Souhaitant récupérer sa fortune et ses biens, Chabert s'est présenté à elle à de nombreuses reprises, mais celle-ci a préféré feindre de ne pas le connaître.

Matinée de travail pour Derville

Après avoir accepté d'aider Chabert à retrouver sa fortune, Derville lui donne de l'argent et fait venir les documents dont le colonel lui a parlé et qu'il reçoit trois mois après cette première entrevue.

Convaincu de la difficulté de gagner un procès face à l'épouse de Chabert, au vu de sa nouvelle situation sociale, Derville souhaite convaincre le vieil homme et la comtesse de trouver une solution. A la suite de ses visites chez Vergniaud, qui héberge Chabert dans le vieux Paris populaire, et chez la comtesse Ferraud qui vit dans le Paris bourgeois de l'époque, maître Derville les convainc de se rencontrer à son Étude pour convenir d'un arrangement.

Échec de « la transaction »

Huit jours plus tard, Chabert et la comtesse Ferraud se rencontrent chez Derville. Elle prétend ne pas connaître l'homme qui affirme être le colonel Chabert. La tentative de trouver un compromis échoue et la comtesse quitte l'Étude. L'homme quitte les lieux à son tour mais la comtesse l'intercepte et l'entraîne dans son château de Groslay, où elle compte le convaincre de renoncer à son argent.

Succombant à ses charmes d'ancienne courtisane, Chabert semble prêt à revivre son amour avec elle. Mais lors d'un entretien entre la comtesse et Delbecq, intendant du comte Ferraud venu à Groslay pour mettre au point un arrangement entre le comte et la comtesse, Chabert, caché, comprend que la comtesse ne cherche qu'à conserver ce qu'elle a acquis de lui et à le faire enfermer à Charenton.

Comprenant qu'il était sur le point de tomber dans le piège échafaudé par la comtesse et Delbecq, Chabert répudie cette femme qu'il aimait et disparaît.

Règlement d'une dette

En décembre 1819, Derville n'a plus entendu parler des époux Chabert depuis six mois, pensant alors qu'ils sont parvenus à un accord. Il reçoit cependant une lettre de Delbecq l'informant que Chabert n'était qu'un traître, qu'il avait reconnu avoir menti sur sa prétendue identité et qu'il ne lui paierait donc pas ce qu'il lui devait.

Peu de temps après, Derville croise Chabert au Palais de justice et lui demande pourquoi il ne lui a pas remboursé l'argent qu'il lui devait. Le colonel, convaincu que la comtesse Ferraud s'était acquittée de ses dettes à l'égard de Derville, rédige alors une lettre à cette dernière. Quelques temps après, Derville reçoit l'argent qu'il attendait de la part de la comtesse.

Fin de vie à l'hospice

En juin 1840, Derville et Godeschal, devenu depuis son successeur à l'Étude de la rue Vivienne, aperçoivent un vieillard assis sous un orme à Bicêtre. Devenu fou, le colonel Chabert, qui avait grandi à l'hospice des enfants trouvés, finira ses jours à l'hospice de la vieillesse de Bicêtre, où il a été placé.

LES RAISONS
DU SUCCÈS

Le Colonel Chabert n'a pas connu de publication séparée du vivant de Balzac, principalement en raison de la brièveté de cette œuvre. Et bien que les critiques aient été plutôt discrètes à l'égard de ce roman au moment de sa publication, toutes expliquent son succès par un des thèmes récurrents de l'œuvre balzacienne : la représentation de la femme.

Dans le cas du *Colonel Chabert*, il s'agit de la description d'une situation féminine inédite, jamais encore exploitée dans la littérature : Madame de Ferraud, remariée au Comte Ferraud lorsque Chabert refait son apparition, est la veuve d'un mari, que l'on croyait mort, mais qui est pourtant bien vivant. Balzac justifie d'ailleurs lui-même l'intérêt des lectrices pour une telle situation dans le prologue de *La Paix des ménages*. Il explique qu'en ces temps de guerres incessantes, « l'engouement des femmes pour les militaires devint comme une frénésie » et que « les fréquentes prises d'armes exposaient les passions à des dénouements [...] rapides » (Collection « La Bibliothèque de la Pléiade », 1976-1981, vol. II, p.96.).

Balzac est donc perçu comme un romancier féminin, qui exalte à merveille les passions des femmes qu'il décrit et met en scène comme aucun autre ne l'a fait avant lui. En témoignent les critiques parues suite à la publication du *Colonel Chabert* dans les revues *L'Artiste* et dans la *Revue de Paris* en 1833. Dans la première, un dénommé « Saint C. » écrit au sujet de l'œuvre balzacienne « C'est la femme que M. de Balzac a étudiée, ce sont les mystères de son âme, ses émotions les plus secrètes, tout le drame de cette vie d'amour et de douleur, qu'il a voulu sonder et étaler à nos yeux ». Dans la seconde, Jules Janin, célèbre critique de l'époque rédigera « C'est M. de Balzac qui a inventé les femmes. Dieu, que de femmes sont sorties du crâne de M. de Balzac. »

En 1835, dans cette même revue, Adolphe Guéroult ajoutera que « M. de Balzac est l'historien privilégié des femmes, il excelle à traduire les causes secrètes et inaperçues de leurs déterminations, […] ; il s'est presque partout constitué leur avocat ».

Il faudrait encore citer un exemple très caractéristique de l'engouement féminin pour *Le Colonel Chabert*, qui a, sans conteste, contribué au succès de cette œuvre. En 1832, paraît dans le *Journal des femmes*, une revue qui s'adresse exclusivement aux femmes, une critique littéraire sur *Le Colonel Chabert*, signée par Alida de Savignac et dans laquelle on peut lire : « Du reste, mesdames, si M. Balzac est un grand écrivain, c'est bien aussi l'homme qui fait sur nous les plus infâmes révélations. N'importe, soyons magnanimes, admirons, célébrons le talent, même chez nos ennemis. »

C'est également en cela que s'explique le succès du *Colonel Chabert* : Balzac donne un nouveau souffle au roman en s'attachant à décrire les mœurs de son temps avec une extrême précision et un grand réalisme.

LES THÈMES PRINCIPAUX

Comme exposé précédemment, la présence de la femme joue un rôle important dans *Le Colonel Chabert*. Et plus largement, se développe le thème de l'ascension sociale par le biais du mariage. En effet, ancienne fille de joie au Palais-Royal, haut lieu de prostitution, Rose Chapotel est devenue comtesse grâce à son mariage avec Chabert.

Union d'amour s'il en est, celle-ci permet surtout à Rose Chapotel de gravir les échelons de la société. Remariée au comte Ferraud, après la disparition de Chabert lors de la bataille d'Eylau, celle-ci bénéficie donc de la fortune de son époux décédé. Et c'est bien en cela que réside la crise conjugale du couple Chabert : lorsque le colonel refait son apparition, la comtesse n'aura de cesse, du moins les premiers temps, de prétendre que cet homme n'est pas son mari et qu'il s'agit d'un être mal intentionné décidé à s'emparer de ses richesses. Bien évidemment, la comtesse Ferraud sait pertinemment qu'il s'agit de Chabert (« – C'est lui, se dit en elle-même la comtesse […]. – Mais Monsieur n'est pas le colonel Chabert, s'écria la comtesse en feignant la surprise. »)

S'approprier la fortune de leur couple est pour elle le moyen de ne pas perdre son nom, et donc son titre de comtesse, alors que parallèlement, Chabert doit, lui, se faire un nom et prouver qui il est pour retrouver le statut social qu'il mérite. La comtesse poussera d'ailleurs le vice à l'extrême lorsque, réunis dans son château de Groslay, elle tentera d'user de ses charmes pour convaincre Chabert de renoncer à ses droits.

Le Colonel Chabert est également le moyen, pour Balzac, de dépeindre les différents milieux parisiens qu'il connaît bien et qui dressent un tableau réaliste des catégories sociales de l'époque. Ces différentes descriptions, qui mettent au jour les disparités dont Paris regorge apparaissent particulièrement au moment où Derville rend successivement visite à Chabert puis à la comtesse dans la partie centrale du roman.

Alors que cette dernière le reçoit dans son hôtel du faubourg Saint-Germain, haut lieu de la bourgeoisie parisienne, Chabert est, quant à lui, hébergé chez le « nouriceure » Vergniaud, dans le faubourg Saint-Marceau. Aux apparats confortables du salon de la comtesse Ferraud s'oppose donc l'habitation des quartiers populaires de Vergniaud, qui « semblait près de tomber en ruine ».

La déambulation de Derville est donc l'occasion pour l'auteur de placer ses personnages, en l'occurrence le colonel et la comtesse, dans leurs milieux sociaux. La description de la diversité de l'espace urbain permet à Balzac de mettre en place deux catégories sociales bien distinctes, mais qui se font écho dans leurs extrémités : la misère de la masure de Vergniaud répond à la splendeur du salon de la comtesse, insistant d'autant plus sur la déchéance de Chabert face à l'ascension de celle qui a été son épouse.

Le roman offre également une vision de la vie militaire. Balzac admire le génie politique de Bonaparte, en qui il voit « le plus grand organisateur des temps modernes » (préface de *Maximes et Pensées de Napoléon*, rédigée par Balzac en 1838). Dans les années 1820 commencent à paraître de nombreux textes sur le mythe napoléonien, favorisant la formation de la légende bonapartiste dans les esprits. Chabert fait partie de ces personnages de papier qui y ont contribué.

Né de parents inconnus et élevé à l'hospice des enfants trouvés, Chabert s'est créé sa propre filiation avec Bonaparte, en qui il reconnaît un père (« J'avais un père, l'Empereur ! »). Il s'est inventé son propre monde, dans lequel l'univers guerrier, qui lui a valu une reconnaissance dans la société, a pris une place importante. Lorsqu'il racontera son histoire à Derville, au début du roman, il dira « ma mort est un fait historique consigné dans les *Victoires et Conquêtes*, où elle est rapportée en détail ».

Gravement blessé lors de la bataille d'Eylau, dont il est ressorti considérablement amoindri et métamorphosé, Chabert ne peut plus se consacrer à l'armée. Laissé pour mort aux yeux de tous, le vieillard subit en réalité un double anéantissement : l'impossibilité de retrouver une existence sociale et l'impossibilité d'un retour à la vie militaire, à laquelle il s'est pourtant dévoué.

ÉTUDE DU MOUVEMENT LITTÉRAIRE

Pour bien saisir l'enjeu du *Colonel Chabert*, il faut sans aucun doute replacer l'œuvre dans son contexte littéraire. Influencé par Saint-Hilaire, qui défend l'idée que les espèces animales sont conditionnées par leurs milieux, Balzac décide d'étendre ce principe aux Hommes et à la société qui les entoure, en portant sur eux un regard attentif et minutieux.

Le roman devient le théâtre d'une histoire des mœurs, représentative de l'époque de Balzac. Tous les milieux sociaux sont décrits, commentés, mis en scène. Il s'agit d'une véritable étude scientifique de la société balzacienne, portée par un projet inédit : *La Comédie Humaine*.

Ce projet hors du commun rompt avec une tradition qui reléguait le roman à l'arrière-plan, puisqu'il était alors perçu comme un genre littéraire peu noble et qui ne répondait à aucune règle fixe. À travers cette œuvre gigantesque qu'est *La Comédie Humaine*, qui regroupe pas moins de 3000 personnages différents, Balzac se fait l'inventeur du roman moderne. Il exploite tous les genres de cette catégorie avec des romans fantastiques, psychologiques, philosophiques, historiques, politiques, poétiques, etc.

L'écrivain donne ainsi un nouveau souffle au roman, qu'il inscrit dans une veine volontairement réaliste. Il s'agit désormais de dépeindre l'ensemble de toute une société par le biais de descriptions précises et approfondies. Mais il s'agit également de donner une réelle profondeur psychologique à des personnages qui seront représentatifs de toute cette société.

Les romans balzaciens observent avec précision et finesse la société du temps de l'auteur. Tous les milieux sociaux y sont dépeints, toutes les professions y sont représentées. Et c'est en cela que Balzac développe un renouveau du roman. L'ensemble de la société est passée au peigne fin pour en extraire les moindres détails qui deviendront la matière-même des récits de l'écrivain.

Cette nouvelle dimension donnée au genre romanesque influencera de nombreux écrivains par la suite. *Le Lys dans la vallée* et *La Femme de trente ans* inspireront directement *L'Éducation sentimentale* et *Madame Bovary* de Gustave Flaubert. Et le système de cycle romanesque de *La Comédie Humaine* sera repris plus tard chez Émile Zola avec les *Rougon-Macquart*, ou encore chez Marcel Proust à travers *La Recherche du temps perdu*.

Le réalisme avec lequel Balzac écrit ses romans ouvrira clairement la voie aux naturalistes, tels que Flaubert, Zola ou encore les frères Goncourt. Le concept de naturalisme, défini par Émile Zola, poussera à l'extrême l'expérience du réalisme. Il s'agira, notamment, d'appliquer la méthode des sciences expérimentales pour étudier les réalités humaines, en s'attachant à dépeindre tout particulièrement les bas-fonds de la société.

DANS LA MÊME COLLECTION
(par ordre alphabétique)

- **Anonyme**, *La Farce de Maître Pathelin*
- **Anouilh**, *Antigone*
- **Aragon**, *Aurélien*
- **Aragon**, *Le Paysan de Paris*
- **Austen**, *Raison et Sentiments*
- **Balzac**, *Illusions perdues*
- **Balzac**, *La Cousine Bette*
- **Balzac**, *La Femme de trente ans*
- **Balzac**, *Le Lys dans la vallée*
- **Balzac**, *Le Père Goriot*
- **Barbey d'Aurevilly**, *L'Ensorcelée*
- **Barbey d'Aurevilly**, *Les Diaboliques*
- **Bataille**, *Ma mère*
- **Baudelaire**, *Les Fleurs du Mal*
- **Baudelaire**, *Petits poèmes en prose*
- **Beaumarchais**, *Le Barbier de Séville*
- **Beaumarchais**, *Le Mariage de Figaro*
- **Beauvoir**, *Mémoires d'une jeune fille rangée*
- **Beckett**, *En attendant Godot*
- **Beckett**, *Fin de partie*
- **Brecht**, *La Noce*
- **Brecht**, *La Résistible ascension d'Arturo Ui*
- **Brecht**, *Mère Courage et ses enfants*
- **Breton**, *Nadja*
- **Brontë**, *Jane Eyre*
- **Camus,** *L'Étranger*
- **Carroll**, *Alice au pays des merveilles*
- **Céline**, *Mort à crédit*

- **Céline**, *Voyage au bout de la nuit*
- **Chateaubriand**, *Atala*
- **Chateaubriand**, *René*
- **Chrétien de Troyes**, *Perceval*
- **Cocteau**, *La Machine infernale*
- **Cocteau**, *Les Enfants terribles*
- **Colette**, *Le Blé en herbe*
- **Corneille**, *Le Cid*
- **Crébillon fils**, *Les Égarements du cœur et de l'esprit*
- **Defoe**, *Robinson Crusoé*
- **Dickens**, *Oliver Twist*
- **Du Bellay**, *Les Regrets*
- **Dumas**, *Henri III et sa cour*
- **Duras**, *L'Amant*
- **Duras**, *La Pluie d'été*
- **Duras**, *Un barrage contre le Pacifique*
- **Flaubert**, *Bouvard et Pécuchet*
- **Flaubert**, *L'Éducation sentimentale*
- **Flaubert**, *Madame Bovary*
- **Flaubert**, *Salammbô*
- **Gary**, *La Vie devant soi*
- **Giraudoux**, *Électre*
- **Giraudoux**, *La Guerre de Troie n'aura pas lieu*
- **Gogol**, *Le Mariage*
- **Homère**, *L'Odyssée*
- **Hugo**, *Hernani*
- **Hugo**, *Les Misérables*
- **Hugo**, *Notre-Dame de Paris*
- **Huxley**, *Le Meilleur des mondes*
- **Jaccottet**, *À la lumière d'hiver*
- **James**, *Une vie à Londres*
- **Jarry**, *Ubu roi*
- **Kafka**, *La Métamorphose*

- **Kerouac**, *Sur la route*
- **Kessel**, *Le Lion*
- **La Fayette**, *La Princesse de Clèves*
- **Le Clézio**, *Mondo et autres histoires*
- **Levi**, *Si c'est un homme*
- **London**, *Croc-Blanc*
- **London**, *L'Appel de la forêt*
- **Maupassant**, *Boule de suif*
- **Maupassant**, *Le Horla*
- **Maupassant**, *Une vie*
- **Molière**, *Amphitryon*
- **Molière**, *Dom Juan*
- **Molière**, *L'Avare*
- **Molière**, *Le Malade imaginaire*
- **Molière**, *Le Tartuffe*
- **Molière**, *Les Fourberies de Scapin*
- **Musset**, *Les Caprices de Marianne*
- **Musset**, *Lorenzaccio*
- **Musset**, *On ne badine pas avec l'amour*
- **Perec**, *La Disparition*
- **Perec**, *Les Choses*
- **Perrault**, *Contes*
- **Prévert**, *Paroles*
- **Prévost**, *Manon Lescaut*
- **Proust**, *À l'ombre des jeunes filles en fleurs*
- **Proust**, *Albertine disparue*
- **Proust**, *Du côté de chez Swann*
- **Proust**, *Le Côté de Guermantes*
- **Proust**, *Le Temps retrouvé*
- **Proust**, *Sodome et Gomorrhe*
- **Proust**, *Un amour de Swann*
- **Queneau**, *Exercices de style*
- **Quignard**, *Tous les matins du monde*

- **Rabelais**, *Gargantua*
- **Rabelais**, *Pantagruel*
- **Racine**, *Andromaque*
- **Racine**, *Bérénice*
- **Racine**, *Britannicus*
- **Racine**, *Phèdre*
- **Renard**, *Poil de carotte*
- **Rimbaud**, *Une saison en enfer*
- **Sagan**, *Bonjour tristesse*
- **Saint-Exupéry**, *Le Petit Prince*
- **Sarraute**, *Enfance*
- **Sarraute**, *Tropismes*
- **Sartre**, *Huis clos*
- **Sartre**, *La Nausée*
- **Senghor**, *La Belle histoire de Leuk-le-lièvre*
- **Shakespeare**, *Roméo et Juliette*
- **Steinbeck**, *Les Raisins de la colère*
- **Stendhal**, *La Chartreuse de Parme*
- **Stendhal**, *Le Rouge et le Noir*
- **Verlaine**, *Romances sans paroles*
- **Verne**, *Une ville flottante*
- **Verne**, *Voyage au centre de la Terre*
- **Vian**, *J'irai cracher sur vos tombes*
- **Vian**, *L'Arrache-cœur*
- **Vian**, *L'Écume des jours*
- **Voltaire**, *Candide*
- **Voltaire**, *Micromégas*
- **Zola**, *Au Bonheur des Dames*
- **Zola**, *Germinal*
- **Zola**, *L'Argent*
- **Zola**, *L'Assommoir*
- **Zola**, *La Bête humaine*
- **Zola**, *Nana*